Dia a dia com o
Papa Francisco

Noemi Dariva, fsp (org.)

Dia a dia com o
Papa Francisco

*Mensagens de esperança
para o Povo de Deus*

1ª edição – 2013
6ª reimpressão – 2021

Direção-geral: *Bernadete Boff*
Editora responsável: *Andréia Schweitzer*
Coordenação de revisão: *Marina Mendonça*
Revisão: *Ruth Mitzuie Kluska*
Gerente de produção: *Felício Calegaro Neto*
Capa e diagramação: *Telma Custódio*
Textos: *Libreria Editrice Vaticana*
Fotos: *Servizio fotografico de L'Osservatore Romano*

Nenhuma parte desta obra poderá ser reproduzida ou transmitida por qualquer forma e/ou quaisquer meios (eletrônico ou mecânico, incluindo fotocópia e gravação) ou arquivada em qualquer sistema ou banco de dados sem permissão escrita da Editora. Direitos reservados.

Paulinas
Rua Dona Inácia Uchoa, 62
04110-020 – São Paulo – SP (Brasil)
Tel.: (11) 2125-3500
http://www.paulinas.com.br – editora@paulinas.com.br
Telemarketing e SAC: 0800-7010081
© Pia Sociedade Filhas de São Paulo – São Paulo, 2013

Apresentação

No dia 13 de março de 2013, segundo dia do conclave, a fumaça branca comunicava que a Igreja tinha um sucessor para o Papa Bento XVI, que abdicara em 28 de fevereiro. A multidão reunida na Praça de São Pedro foi surpreendida, então, pelo anúncio da eleição do Cardeal Jorge Mario Bergoglio – o primeiro papa de origem sul-americana – e pelo nome por ele escolhido – Francisco – em referência a São Francisco de Assis. Em seguida, também se surpreendeu com a sua simplicidade e a espontaneidade, quando, sorrindo, pediu a todos que rezassem por ele.

O Papa Francisco é, realmente, muito carismático e comunicativo. Sua pregação é mais como mestre de vida do que como guardião da ortodoxia. Já na catequese da primeira audiência geral, o Pontífice confirmou seu estilo informal e objetividade. Sua pregação é eficaz, nunca banal, atenta à espiritualidade e às nuances humanas dos personagens bíblicos.

Ilustrando a direção à qual Francisco pretende conduzir a Igreja, a revista *Popoli*, da Companhia de Jesus, fala de "uma Igreja de pobreza, pureza de coração, misericórdia, mansidão, humildade".

Foi pensando nesta realidade do Papa Francisco que selecionamos alguns pensamentos extraídos de seus Discursos, Mensagens e Homilias, proferidos em diversos momentos e locais durante o primeiro mês de seu Pontificado.

Queremos, com isso, ser uma ajuda a quem deseja empreender um caminho de seguimento de Jesus Cristo, a exemplo do Papa Francisco – na humildade, no amor, na misericórdia e, sobretudo, na simplicidade de coração –, e também transmiti-lo aos pobres, aos humildes e a todos que desejarem testemunhar a sua esperança num mundo melhor.

Noemi Dariva, fsp

"Não precisamos ter medo
dos problemas.
O próprio Jesus disse aos discípulos:
'Sou eu, não temais. Sou eu'. Sempre!
Com as dificuldades da vida,
com os problemas,
com as coisas novas
que temos que fazer:
Nosso Senhor está conosco.
É verdade que podemos errar,
mas ele está sempre perto de nós
e nos diz:
'Vamos voltar para o caminho certo'."

(Missa na Casa Santa Marta, 15/4/2013)

"A misericórdia de Deus:
como é bela esta realidade da fé
para a nossa vida!
Como é grande e profundo
o amor de Deus por nós!
É um amor que não falha,
que sempre agarra a nossa mão,
nos sustenta, levanta e guia!"

(Homilia na Basílica de
São João de Latrão, 7/4/2013)

"Quando temos problemas,
temos que olhar bem e falar sobre eles,
nunca escondê-los...
Temos que encará-los.
E Nosso Senhor nos ajudará a resolvê-los."

(Missa na Casa Santa Marta, 15/4/2013)

"José é guardião, porque sabe ouvir a Deus,
deixa-se guiar pela sua vontade
e, por isso mesmo,
se mostra ainda mais sensível
com as pessoas que lhe estão confiadas,
sabe ler com realismo os acontecimentos,
está atento àquilo que o rodeia
e toma as decisões mais sensatas.
Nele, vemos como se responde
à vocação de Deus:
com disponibilidade e prontidão;
mas vemos também qual é o centro
da vocação cristã: Cristo.
Guardemos Cristo em nossa vida,
para guardar os outros,
para guardar a criação!"

(Homília da missa do dia 19/3/2013)

"Não maquiar a vida,
mas aceitá-la do jeito que Deus
permite que ela seja.
É assim que o cristão encara
os problemas da sua existência:
não com escapatórias,
mas confiando-se plenamente
a Nosso Senhor,
que sempre dá uma solução
e nunca deixa faltar a sua ajuda."

(Missa na Casa Santa Marta, 15/4/2013)

"Não esqueçamos jamais
que o verdadeiro poder é o serviço,
e que o próprio Papa, para exercer o poder,
deve entrar sempre mais naquele serviço
que tem o seu vértice luminoso na Cruz;
deve olhar para o serviço humilde,
concreto, rico de fé, de São José
e, como ele, abrir os braços para
guardar todo o Povo de Deus
e acolher, com afeto e ternura,
a humanidade inteira,
especialmente os mais pobres,
os mais fracos, os mais pequeninos."

(Homilia na missa do dia 19/3/2013)

*"São Paulo fala de Abraão, que acreditou
'com uma esperança, para além
do que se podia esperar!' (Rm 4,18).
Também hoje, perante
tantas nuvens cinzentas no céu,
há necessidade de ver a luz da esperança
e de darmos nós mesmos esperança.
Guardar a criação,
cada homem e cada mulher,
com um olhar de ternura e amor,
é abrir o horizonte da esperança,
é abrir um rasgo de luz no meio
de tantas nuvens,
é levar o calor da esperança!"*

(Homilia na missa do dia 19/3/2013)

"O óleo precioso,
que unge a cabeça de Aarão,
não se limita a perfumá-lo,
mas espalha-se e atinge 'as periferias'.
O Senhor dirá claramente que a sua unção
é para os pobres, os presos, os doentes
e todos os que estão tristes e abandonados.
A unção, amados irmãos,
não é para nos perfumar a nós mesmos,
e menos ainda para que
a conservemos num frasco,
pois o óleo tornar-se-ia rançoso...
e o coração, amargo."

(Homilia na Basílica Vaticana, 28/3/2013)

"As pessoas nos agradecem porque sentem que rezamos a partir das realidades das suas vidas de todos os dias, as suas penas e alegrias, as suas angústias e esperanças. E, quando sentem que, através de nós, lhes chega o perfume do Ungido, de Cristo, animam-se a confiar-nos tudo o que elas querem que chegue ao Senhor: 'Reze por mim, padre, porque tenho este problema', 'abençoe-me, padre', 'reze para mim'... Estas confidências são o sinal de que a unção chegou à orla do manto, porque é transformada em súplica – súplica do Povo de Deus."

(Homilia na Basílica Vaticana, 28/3/2013)

"Sejamos 'guardiões' da criação,
do desígnio de Deus inscrito na natureza,
guardiões do outro, do ambiente;
não deixemos que sinais
de destruição e morte acompanhem
o caminho deste nosso mundo!
Mas, para 'guardar', devemos também
cuidar de nós mesmos.
Lembremo-nos de que o ódio,
a inveja, o orgulho sujam a vida;
então guardar quer dizer vigiar
os nossos sentimentos, o nosso coração,
porque é dele que saem
as boas intenções e as más:
aquelas que edificam
e as que destroem."

(Homilia na missa do dia 19/3/2013)

"É preciso experimentar a nossa unção,
com o seu poder e a sua eficácia redentora:
nas 'periferias' onde não falta sofrimento,
há sangue derramado,
há cegueira que quer ver,
há prisioneiros de tantos patrões maus.
Não é, concretamente,
nas nossas próprias experiências
ou nas reiteradas introspecções que
encontramos o Senhor...
o poder da graça se ativa e cresce
na medida em que, com fé,
saímos para nos dar a nós mesmos
oferecendo o Evangelho aos outros,
para dar a pouca unção que temos
àqueles que não têm nada de nada."

(Homilia na Basílica Vaticana, 28/3/2013)

"Quantos desertos tem o ser humano
de atravessar ainda hoje!
Sobretudo o deserto que existe dentro dele,
quando falta o amor de Deus e ao próximo,
quando falta a consciência de ser guardião
de tudo o que o Criador nos deu
e continua a dar.
Mas a misericórdia de Deus pode fazer
florir mesmo a terra mais árida,
pode devolver a vida
aos ossos ressequidos..."

(Mensagem *Urbi et Orbi*, Páscoa, 31/3/2013)

"Nunca estamos sozinhos:
o Senhor crucificado e ressuscitado
nos guia, e conosco
há muitos irmãos e irmãs
que, no silêncio e no escondimento,
na sua vida familiar e no trabalho,
nos seus problemas e dificuldades,
nas suas alegrias e esperanças,
vivem cotidianamente a fé
e levam ao mundo, junto conosco,
o senhorio do amor de Deus,
em Cristo Jesus ressuscitado,
que ascendeu ao Céu,
advogando por nós."

(Audiência de quarta-feira, 17/4/2013)

"Ainda hoje, podemos dizer, na verdade,
que a Igreja tem mais mártires agora
do que durante os primeiros séculos.
Alguns são mortos
porque ensinam o catecismo;
outros são mortos porque usam a cruz.
Hoje, em muitos países,
eles são caluniados, eles são perseguidos.
Eles são nossos irmãos e irmãs
que estão sofrendo hoje,
nesta era dos mártires."

(Audiência de quarta-feira, 17/4/2013)

"Cuidar, guardar, requer bondade,
requer ternura.
Nos Evangelhos, São José aparece como
um homem forte, corajoso, trabalhador,
mas, no seu íntimo, sobressai
uma grande ternura,
que não é a virtude dos fracos,
antes pelo contrário denota fortaleza
de ânimo e capacidade de solicitude,
de compaixão, de verdadeira abertura
ao outro, de amor.
Não devemos ter medo da
bondade, da ternura!"

(Homilia na missa do dia 19/3/2013)

"Eis o convite que dirijo a todos:
acolhamos a graça da
Ressurreição de Cristo!
Deixemo-nos renovar pela
misericórdia de Deus,
deixemo-nos amar por Jesus,
deixemos que a força do seu amor
transforme também a nossa vida,
tornando-nos instrumentos
desta misericórdia,
canais através dos quais Deus
possa irrigar a terra,
guardar a criação inteira e fazer
florir a justiça e a paz."

(Mensagem *Urbi et Orbi*, Páscoa, 31/3/2013)

"Que grande alegria é para mim
poder dar-vos este anúncio:
Cristo ressuscitou!
Queria que chegasse a cada casa,
a cada família e, especialmente,
onde há mais sofrimento,
aos hospitais, às prisões...
Sobretudo, queria que chegasse
a todos os corações, porque é lá
que Deus quer semear esta Boa-Nova:
Jesus ressuscitou, há uma esperança
que despertou para ti,
já não estás sob o domínio
do pecado, do mal!
Venceu o amor, venceu a misericórdia!
A misericórdia sempre vence!"

(Mensagem *Urbi et Orbi*, Páscoa, 31/3/2013)

"Que significa o fato
de Jesus ter ressuscitado?
Significa que o amor de Deus
é mais forte que o mal
e a própria morte;
significa que o amor de Deus
pode transformar a nossa vida,
fazer florir aquelas parcelas de deserto
que ainda existem em nosso coração."

(Mensagem *Urbi et Orbi*, Páscoa, 31/3/2013)

"Este mesmo amor pelo qual
o Filho de Deus se fez homem e prosseguiu
até o extremo no caminho da humildade
e do dom de si mesmo,
até a morada dos mortos,
o abismo da separação de Deus,
este mesmo amor misericordioso
inundou de luz o corpo morto de Jesus
e transfigurou-o, o fez passar à vida eterna.
Jesus não voltou à vida que tinha antes,
à vida terrena, mas entrou na vida gloriosa
de Deus e o fez com a nossa humanidade,
abrindo-nos um futuro de esperança."

(Mensagem *Urbi et Orbi*, Páscoa, 31/3/2013)

"... Deus é paciente conosco,
porque nos ama;
e quem ama compreende,
espera, dá confiança,
não abandona, não corta as pontes,
sabe perdoar.
Recordemo-lo na nossa vida de cristãos:
Deus sempre espera por nós,
mesmo quando nos afastamos!
Ele nunca está longe
e, se voltarmos para ele,
está pronto a abraçar-nos."

(Homilia na Basílica de São João de Latrão, 7/4/2013)

"A Jesus ressuscitado
que transforma a morte em vida,
peçamos para mudar o ódio em amor,
a vingança em perdão, a guerra em paz.
Sim, Cristo é a nossa paz
e, por seu intermédio,
imploramos a paz para o mundo inteiro...
ainda tão dividido pela ganância
de quem procura lucros fáceis,
ferido pelo egoísmo que ameaça
a vida humana e a família –
um egoísmo que faz continuar
o tráfico de pessoas,
a escravatura mais extensa neste século."

(Mensagem *Urbi et Orbi*, Páscoa, 31/3/2013)

"Paz para todo o mundo
dilacerado pela violência
ligada ao narcotráfico
e por uma iníqua exploração
dos recursos naturais.
Paz para esta nossa Terra!
Jesus ressuscitado leve conforto
a quem é vítima das calamidades naturais
e nos torne guardiões
responsáveis da criação."

(Mensagem *Urbi et Orbi*, Páscoa, 31/3/2013)

"Tudo passa através do coração humano:
se eu me deixar alcançar pela graça
de Cristo ressuscitado,
se lhe permitir que transforme
aquele meu aspecto que não é bom,
que pode fazer mal a mim e ao próximo,
permitirei que a vitória de Cristo
se consolide na minha vida,
ampliando a sua ação benéfica.
Este é o poder da graça!
Sem a graça nada podemos!
E com a graça do Batismo
e da Comunhão Eucarística
posso tornar-me instrumento
da misericórdia de Deus,
da bonita misericórdia de Deus!"

(*Regina Coeli*, 1º/4/2013)

"... A esperança do Senhor não engana!
Quantas vezes na nossa vida
as esperanças esmorecem,
quantas vezes as expectativas
que temos no coração não se realizam!
A nossa esperança de cristãos é forte,
certa e sólida nesta terra,
onde Deus nos chamou a caminhar,
e está aberta à eternidade
porque se funda em Deus,
que é sempre fiel.
Não devemos esquecer:
Deus é sempre fiel."

(Audiência Geral na Praça de São Pedro, 10/4/2013)

"À ordem de não falar nem ensinar
em nome de Jesus,
de não anunciar mais a sua Mensagem,
os apóstolos respondem com clareza:
'Importa mais obedecer a Deus
do que aos homens'.
E nem o fato de serem flagelados,
ultrajados, encarcerados os deteve.
Pedro e os apóstolos anunciam,
com coragem e desassombro,
aquilo que receberam: o Evangelho de Jesus.
E nós? Somos capazes de levar a
Palavra de Deus
aos nossos ambientes de vida?
Sabemos falar de Cristo,
do que ele significa para nós,
em família, com as pessoas que
fazem parte da nossa vida diária?
A fé nasce da escuta,
e se fortalece no anúncio."

(Homilia na Basílica de
São Paulo Fora dos Muros, 14/4/2013)

"A paciência de Deus deve encontrar
em nós a coragem de regressar a ele,
qualquer que seja o erro,
qualquer que seja o pecado na nossa vida.
Jesus convida Tomé a tocar as suas chagas
das mãos e dos pés e na ferida do peito.
Também nós podemos tocar
as chagas de Jesus,
podemos tocá-lo realmente;
isto acontece todas as vezes que
recebemos, com fé, os Sacramentos."

(Homilia na Basílica de São João de Latrão, 7/4/2013)

"É nas chagas de Jesus
que vivemos seguros,
nelas se manifesta
o amor imenso do seu coração.
Importante é a coragem
de me entregar
à misericórdia de Jesus,
confiar na sua paciência,
refugiar-me sempre nas feridas
do seu amor."

(Homilia na Basílica de
São João de Latrão, 7/4/2013)

"Talvez algum de nós possa pensar:
o meu pecado é tão grande,
o meu afastamento de Deus é como
o do filho mais novo da parábola,
a minha incredulidade é como a de Tomé;
não tenho coragem para voltar,
para pensar que Deus possa me acolher
e esteja à espera precisamente de mim.
Mas é precisamente por ti que Deus espera!
Só te pede a coragem de ires ter com ele."

(Homilia na Basílica de São João de Latrão, 7/4/2013)

"Ouvimos tantas propostas
do mundo ao nosso redor...
Mas deixemo-nos conquistar
pela proposta de Deus:
a proposta dele é uma carícia de amor.
Para Deus, não somos números;
somos importantes, antes,
somos o que ele tem de mais importante;
apesar de pecadores, somos aquilo
que lhe está mais a peito."

(Homilia na Basílica de São João de Latrão, 7/4/2013)

"Deixemo-nos envolver
pela misericórdia de Deus;
confiemos na sua paciência,
que sempre nos dá tempo;
tenhamos a coragem de voltar
para sua casa, habitar nas feridas
do seu amor deixando-nos amar por ele,
encontrar a sua misericórdia
nos Sacramentos.
Sentiremos a sua ternura maravilhosa,
sentiremos o seu abraço,
e ficaremos nós também
mais capazes de misericórdia,
paciência, perdão e amor."

(Homilia na Basílica de São João de Latrão, 7/4/2013)

"... Adorar o Senhor quer dizer
que vivemos na sua presença,
convencidos de que é o único Deus,
o Deus da nossa vida,
o Deus da nossa história...
Daqui deriva uma consequência
para a nossa vida:
despojar-nos dos numerosos ídolos,
pequenos ou grandes,
que temos e nos quais nos refugiamos,
nos quais buscamos e muitas vezes
depomos a nossa segurança.

São ídolos que frequentemente
conservamos bem escondidos;
podem ser a ambição, o carreirismo,
o gosto do sucesso, o sobressair,
a tendência a prevalecer sobre os outros,
a pretensão de sermos os
únicos senhores da nossa vida,
qualquer pecado ao qual estamos
presos, e muitos outros..."

(Homilia na Basílica de São Paulo
Fora dos Muros, 14/4/2013)

"A fé não é acreditar em um 'deus-spray',
que está um pouco em todos os lugares,
mas não se sabe o que é.
Nós acreditamos em Deus que é Pai,
que é Filho, que é Espírito Santo.
Nós acreditamos em *Pessoas*,
e quando falamos com Deus
falamos com *pessoas*:
ou falo com o Pai, ou falo com o Filho,
ou falo com o Espírito Santo.
E esta é a fé. A fé é um dom,
é o Pai que no-la dá!"

(Homilia na capela da Casa Santa Marta, 18/4/2013)

Rua Dona Inácia Uchoa, 62
04110-020 – São Paulo – SP (Brasil)
Tel.: (11) 2125-3500
http://www.paulinas.com.br – editora@paulinas.com.br
Telemarketing e SAC: 0800-7010081